DISCOURS

EN FAVEUR

DES DÉPARTEMENS

RAVAGÉS PAR LA GUERRE.

DE L'IMPRIMERIE DE LEFEBVRE,
RUE DE BOURBON, Nº. 11, F. S.-G.

DISCOURS

EN FAVEUR

DES DÉPARTEMENS

RAVAGÉS PAR LA GUERRE,

PRONONCÉ A PARIS, LE 22 FÉVRIER 1815,
DANS L'ÉGLISE DE S.-THOMAS-D'AQUIN,

Par M. l'Abbé LE GRIS DUVAL.

PRIX : 1 FRANC 50 CENT.,
au profit des Victimes de la guerre.

A PARIS,

CHEZ POTEY, LIBRAIRE, RUE DU BAC, N°. 46.

1815.

LE désir de faire connaître dans les provinces la déplorable situation des pays ravagés par la guerre, et d'intéresser en leur faveur la bienfaisance publique, est le seul motif qui nous détermine à publier ce Discours. La France entière s'empressera sans doute d'achever ce que la capitale vient de commencer si généreusement. Les nobles et touchans exemples d'intérêt pour le malheur ne sont jamais perdus parmi les Français.

Habitans des départemens, vos frères malheureux ne vous demandent point de combler l'abîme où ils sont plongés. Leurs pertes sont immenses (1), le temps

______

(1) Les pertes de la seule ville de Méry-sur-Seine sont évaluées à 2,000,000; celles de l'arrondissement

seul et les soins d'un gouvernement paternel pourront un jour les réparer. Mais ils vous conjurent, au nom de la Religion et de l'humanité, de jetter un regard sur les calamités qui les accablent; de les arracher du moins aux cruelles nécessités du moment. Ils sollicitent les moyens de se construire un asyle, d'ensemencer leurs champs désolés; de se préparer, par les travaux de cette année, quelques ressources pour l'avenir. La guerre dont ils furent les victimes, vous a rendu la paix, la Religion, votre Roi; leurs intérêts sont inséparables des vôtres; les mêmes malheurs devaient aussi vous unir, si la Providence ne vous en avait garantis par une protection miraculeuse. En soulageant leur infortune, vous vous acquitterez envers le ciel.

---

de Nogent à 3,ooo,ooo; celles du département de l'Aube à 42,ooo,ooo.

Achevons d'effacer les dernières traces de nos désordres et de nos malheurs ; la Religion nous le commande, la gloire nationale l'exige ; il est de l'intérêt de la France que ses peuples connaissent que dans les calamités communes, leurs sacrifices ne resteront jamais sans indemnité, ni leurs maux sans consolation.

Les personnes qui voudront envoyer des secours, pourront s'adresser à la préfecture de chaque département.

Elles peuvent aussi les envoyer directement à Paris,

A MM. *Montaut*, notaire, rue Louis-le-Grand, n°. 7 ;

M. *Jalabert*, boulevard des Italiens, en face de la rue de Choiseul ;

M. *Chapellier*, rue du Mouton.

Les lettres et envois doivent être affranchis.

DISCOURS

EN FAVEUR DES DÉPARTEMENS

RAVAGÉS PAR LA GUERRE.

Tunc dicet rex his qui à dextris ejus erunt : Venite, benedicti patris mei, possidete paratum vobis regnum à constitutione mundi. Esurivi enim et dedistis mihi manducare, nudus eram et cooperuistis me. Alors le roi dira à ceux qui seront à sa droite : Venez, les bénis de mon Père, possédez le royaume qui vous est préparé depuis le commencement du monde ; car j'ai eu faim, et vous m'avez donné à manger ; j'étais nu, et vous m'avez revêtu.

S. MATTH., ch. 25, v. 34.

C'EST une belle et touchante religion que celle qui, renfermant dans un même précepte l'amour de Dieu et l'amour du prochain, leur assure la même récompense ; qui nous offre le ciel pour prix du bien que nous aurons fait à nos frères, et nous laisse décider de notre destinée éternelle, par la miséricorde ou l'indifférence à leur égard. Ainsi, la religion de Jésus-Christ a parcouru les siècles, prodiguant les secours à l'indigence, les consolations au malheur ; multipliant parmi les hommes ces miracles de dévouement et de charité qui honorent les annales des nations chrétiennes, et consolent l'âme attristée par le spectacle des calamités et des crimes. Combien de fois notre patrie surtout n'en a-t-elle pas été témoin ? Dans les premières années du règne glorieux de Louis-le-Grand, la France avait vu ses provinces ravagées par la guerre, la contagion et la famine. La fortune publique épuisée, toutes les sources de prospérité taries, ne laissaient plus aucun espoir. Mais la Religion veillait sur les malheureux. Toutes les chaires de cette capitale retentirent de leurs gémissemens. Vos pères ne se plaignirent point, Messieurs, que l'on vînt les entretenir de douleurs étrangères ; ils savaient qu'entre toutes les douleurs humaines, il n'en est aucune d'étrangère pour un chrétien. Cette ville se plaisait à penser qu'enrichie des tributs de la France entière, il était beau de rendre à ce corps immense la vie qu'elle ne cesse d'en recevoir, et de distribuer à des provinces désolées une partie des trésors qui font son opulence et sa grandeur. Bientôt les misères disparurent. Et dans des temps plus désastreux que le nôtre, la piété de vos aïeux exécuta, par les mains de S. Vincent-de-Paul, ce qu'un puissant monarque aurait à peine osé tenter dans les jours de la prospérité la plus brillante. Les grands exemples qu'ils ont donnés avec tant de bonheur et de gloire, le ciel daigne vous appeler à les renouveler aujourd'hui. Ces mêmes contrées, objet de leur généreuse sollicitude, gémissent victimes des mêmes fléaux ; comme si Dieu les avait choisies pour y imprimer plus profondément les traces effrayantes du passage de sa justice, dont le souvenir s'efface trop rapidement parmi les biens dont nous jouissons. C'est vers vous que leurs tristes habitans ont tourné leurs regards ; et , par une prérogative que sans doute vous voudrez maintenir , Paris se trouve encore l'espérance et l'asyle des malheureux de la France entière.

Mais ceux dont nous plaidons la cause méritent singulièrement votre intérêt , soit que vous considériez *l'étendue de leur malheur, soit que vous envisagiez les caractères qui les distinguent de toutes les autres classes d'infortunés.*

Deux réflexions qui vont partager ce discours.

O Dieu ! vous nous avez commandé d'aller , comme autrefois vos prophètes , troubler par des cris de douleur la joie des heureux du monde ; et parmi les larmes des peuples et les cendres des villes , leur offrir des scènes lugubres de deuil et de désolation : ne permettez pas que nous les trouvions insensibles. Qu'ils se souviennent , ô mon Dieu ! que les mêmes fléaux pouvaient aussi les atteindre, et pesaient déjà sur nos têtes quand votre main les détourna pour nous rendre un bonheur que nous cesserions de mériter en refusant de le partager avec nos frères. *Ave Maria.*

PREMIÈRE PARTIE.

Les nations civilisées par l'Évangile ne connaissaient plus ces excès des siècles barbares où la guerre était le signal d'une dévastation générale, où les peuples précipités l'un sur l'autre marquaient leur passage par le sang, les cendres et les ruines, et semblaient moins vouloir se combattre que s'entre-déchirer et se détruire. Il avait été donné à la Religion de Jésus-Christ de réconcilier les nations, de faire fléchir sous un joug sacré la noble fierté des courages, de tout adoucir dans les mœurs et dans les lois, jusqu'au droit sanglant de la guerre. Si elle avait gémi de ne pouvoir arracher les armes des mains de ses enfans, du moins elle en régla l'usage.

Le guerrier reconnut sa voix dans le tumulte des camps et dans l'horreur des combats. Au milieu du sang et du carnage, il apprit à respecter l'homme créé à l'image de Dieu, et brillant de mille traits divins; et de ce terrible fléau, le christianisme ne nous avait laissé que les malheurs inévitables. Avec l'empire de cette Religion tutélaire, nous avons vu s'affaiblir et ses lois protectrices et son influence bienfaisante. Bientôt l'humanité pleura le retour de ces invasions, dont le souvenir nous consterne encore, et qui semblèrent un moment nous ramener vers la barbarie. Le sang des hommes est devenu vil; l'innocence a perdu ses droits, la faiblesse est restée sans défense; les flammes ont dévoré le toit paisible du laboureur et de l'artisan, le dernier asyle de la veuve et de l'orphelin. Si Dieu n'avait eu pitié des hommes, la guerre, embrâsant les Etats et entraînant les peuples entiers, eût fait du monde un vaste tombeau sur lequel les restes épars du genre humain n'auraient trouvé de sûreté qu'en plaçant des déserts entre eux et leurs semblables.

Lorsque de nos jours le bruit de ces grands bouleversemens est arrivé jusqu'à vous, vous en avez gémi, Messieurs, ainsi que nos guerriers eux-mêmes ; et, avant vos propres malheurs, vous aviez pleuré ceux de nos ennemis.

Combien donc ces calamités vous trouveront-elles sensibles et généreux, quand vous les verrez accumulées sur des Français au sein même de la patrie ! Ah ! si jamais ce ministère saint nous parut glorieux et consolant, c'est quand il nous donne le droit de venir au nom de Dieu vous révéler les maux qui les accablent et vous présenter leurs larmes. Ce sont de vastes régions ravagées par le fer et le feu ; des villages dont il reste à peine quelques traces ; des villes naguères florissantes à demi consumées par les flammes ; et parmi tant de débris, cette ville de Méry-sur-Seine, dont il ne reste que le sol, couvert encore d'un peuple entier de malheureux. Nous devons principalement vous retracer leur désastre, le plus terrible des malheurs que cette guerre entraîna. Vous y verrez réunies dans un seul tableau toutes les calamités répandues sur cette terre de désolation, et dont nous ne pourrions embrasser tous les détails.

La ville de Méry-sur-Seine, florissante par son commerce, mais plus intéressante encore par le caractère honorable de ses habitans, par les bonnes mœurs et l'union des familles, par une fidélité à la Religion qui ne s'est jamais démentie, avait su maintenir sa prospérité durant le cours de nos longues révolutions. Cette ville n'existe plus; en un jour elle a disparu effacée du sol français. Dès le commencement de nos malheurs, traversée par des armées nombreuses, elle avait vu ses campagnes ravagées, ses provisions épuisées, et les richesses de son commerce livrées à l'avidité du soldat.

Déjà même elle avait été le théâtre d'un combat sanglant , mais glorieux , où la valeur de cinq cents Français arrêta un jour entier toute l'armée ennemie devant ses faubourgs sans défense. Je ne vous peindrai pas les maux qui accompagnèrent ces invasions successives ; les vexations , les outrages de tous les genres ; les vieillards chassés de leurs maisons ; les malades arrachés de leurs lits , mourans dans les places publiques , de froid , de misère , de besoin , et des malheureux sans ressource se noyant de désespoir. Hélas ! telles étaient alors les calamités communes ; et ces tristes tableaux, en fatiguant votre pitié , ne leur donneraient point un droit particulier à votre intérêt.

Mais représentez-vous cette faible ville envahie par cent mille ennemis ; car ils l'étaient alors , ces étrangers qui devinrent bientôt des alliés si fidèles. Repoussés encore une fois , ils faisaient marcher devant eux la désolation et l'épouvante , telles que l'on voit s'avancer les noires tempêtes qui portent dans leur sein la dévastation et la mort. A leur approche, la ville est presque abandonnée. De fidèles magistrats, quelques citoyens intrépides, s'efforçaient seuls de la défendre par leur présence, par leur zèle. Vain espoir! l'ennemi, contraint d'assurer sa retraite (1), voulut placer une barrière de feu entre son armée et nos troupes victorieuses; l'arrêt de la ville est déjà prononcé, déjà mis à exécution, et les malheureux l'ignorent encore. Soudain

(1) Cet évènement doit être attribué au sort de la guerre plutôt qu'à toute autre cause. L'ennemi ne se décida à brûler Méry que par l'impossibilité où il se trouvait d'assurer autrement sa retraite. Voici ce que porte à ce sujet la relation qui nous a été transmise par M. le Maire de Méry-sur-Seine.

« Le 22 février, l'ordre fut donné de brûler Méry.
» Cet ordre ne fut provoqué en aucune manière par
» la conduite des habitans. L'ennemi voulut arrêter
» l'armée française qui s'avançait de Nogent sur Méry
» après l'affaire de Montereau, et l'empêcher de tra-
» verser la ville avec son artillerie, et d'inquiéter le
» général prussien dans sa retraite sur l'Aube, dont
» tous les ponts étaient brûlés ou rompus ».

ils en sont avertis par l'incendie qui se déploie. Les flammes s'élevant avec furie, les chassent de leurs maisons qui s'écroulent. Au milieu des feux et des ruines , ils se précipitent vers les portes ; il n'était plus temps de fuir. Renfermés dans leur ville en feu , ils assistent à son embrâsement , tandis que, du fond des campagnes environnantes , leurs concitoyens fugitifs contemplaient , immobiles et consternés , les flammes qui dévoraient leur fortune et la subsistance de leurs enfans. En quelques heures tout périt , et les produits de l'industrie , et les instrumens du travail , et la maison du citoyen aisé , et l'asyle du pauvre artisan. Méry n'est plus qu'un monceau de cendres ! ! ! C'est alors seulement que , réunis au fond des bois , ils goûtent la triste douceur de pouvoir confondre leurs larmes. Ils s'y cachent pour déplorer leurs malheurs et ceux de la France , dont aucune sagesse humaine ne pouvait encore prévoir le terme. Ce terme, Dieu l'avait fixé. Ils brillent enfin, ces jours heureux. D'un bout de la France à l'autre un cri de joie s'est fait entendre. Les habitans des campagnes rentrent avec transport dans leurs chaumières abandonnées; mais où iront les infortunés qui nous occupent? la flamme a dévoré jusqu'à la trace de la maison de leurs pères; il ne leur reste rien sur la terre, pas un vêtement pour remplacer les lambeaux presque détruits sur leurs membres desséchés, pas une couche pour reposer leur misère; où prendront-ils le pain de chaque jour? Ils n'espèrent qu'aux soins de cette Providence qui revêt les lys des campagnes et nourrit les oiseaux du ciel. Condamnés aux larmes et à l'exil au sein du bonheur général, ils n'ont d'asyle que les forêts; ils s'y construisent de pauvres cabanes; et ce que l'on ne peut raconter sans frémir, ils y ont passé dix mois entiers sous les vicissitudes de toutes les saisons, tourmentés par tous les besoins, montrant presque aux portes de la capitale le triste

et humiliant tableau de la vie sauvage.
Mais, hélas! ils n'en ont ni les habitudes
ni l'industrie! C'est là que la vieillesse
achève promptement de s'éteindre; c'est
de-là que des mères éplorées amènent
aux hôpitaux voisins des enfans aveugles
ou paralysés, tandis que d'autres victimes, jeunes encore, restent perclus de
tous leurs membres dans ces réduits écar-
tés, où ils n'ont pas même un lit de douleur. Ah! mes frères! si l'on vous disait
qu'un malheureux dans cet état est en
ce moment à votre porte et réclame votre
pitié, avec quelle charité vous viendriez
le recueillir! avec quelle religion vous lui
prodigueriez tous les secours! les refu-
seriez-vous à une foule de familles inté-
ressantes et nombreuses, dont le Ciel
vous a réservé d'être les sauveurs et les
pères?

Vous ne l'ignorez pas; si, dans l'ordre
commun, la loi de la charité nous oblige
à compâtir aux besoins de nos frères, la
rigueur du précepte augmente avec les

nécessités. Quand les besoins n'ont point de bornes, la charité n'en laisse plus aux sacrifices. C'est un grand crime, dit saint Ambroise, de préférer un peu d'argent à la vie de votre frère. *Grandis culpa est si plus apud te pecunia valeat quam vita perituri.* Vous n'êtes plus seulement un mauvais riche, dit S. J.-Chrysostome, vous devenez un homicide; si vous ne l'avez pas nourri, c'est vous qui l'avez tué. *Si non pavisti, occidisti.* Et au défaut de l'Evangile, ne nous suffirait-il pas de vous renvoyer à votre cœur? Consultez-le, il vous dira qu'il est barbare de ne s'occuper que de fêtes et de jeux parmi les pleurs des misérables; de boire dans la coupe du plaisir et au sein de l'opulence, l'oubli des calamités passées, tandis que ces calamités pèsent encore sur vos frères et les accablent; il vous dira que refuser aux pauvres le nécessaire, pour ne pas se priver des plus frivoles jouissances, est un égoïsme monstrueux dont la nature se révolte, et qui, tôt ou tard, attire le courroux du Ciel.

Et ce n'est pas seulement un pauvre qui vous implore aujourd'hui, c'est une immense multitude, où l'innocence et la vertu, la faiblesse et l'abandon, la variété des âges, des conditions, des besoins vous offre la réunion touchante de tout ce qui peut intéresser les âmes où l'humanité n'est pas éteinte. D'autres ont trouvé des ressources dans des parens, dans des amis; ici l'ami ne peut aider son ami, les enfans ne peuvent nourrir leur mère, ni fournir à un père, qui succombe sous les infirmités, les plus simples soulagemens. Ailleurs, de puissans propriétaires sont devenus pour les indigens une seconde providence. Hommages et bénédictions à ces riches vertueux! on les a vus visiter eux-mêmes les chaumières dévastées, présenter au laboureur dépouillé les moyens de reprendre ses travaux, compenser les pertes par leurs bienfaits; et le peuple a partout retrouvé des pères et des protecteurs dans ceux qu'on lui montra long-temps comme ses oppresseurs et ses ennemis.

Ailleurs enfin les calamités plus modérées s'adoucissent ou disparaissent sous les regards bienfaisans d'un gouvernement paternel. Que de ruines il a réparées ! que de plaies il a fermées, ce Roi qui ne se console de ses malheurs qu'en effaçant la trace de nos maux ! que de larmes il a essuyées, lui qui en avait tant à répandre ! Quelle pompe pour son trône auguste que cette foule d'infortunés qui se reposent à son ombre de leurs longues douleurs et de leurs nobles travaux ! C'est vers ce trône, asyle sacré du malheur, qu'ont dirigé leurs pas les tristes représentans des plus infortunés des Français. A leur vue, le cœur du monarque s'est ému. Qu'est-il besoin de vous le montrer ajoutant avec bonté les consolations aux secours et l'espérance aux bienfaits ? Si pourtant vous daignez considérer le nombre des indigens et

l'immensité des besoins, vous compren-
drez aisément que le prince le plus généreux n'a pu que donner le signal ; en y
répondant par vos sacrifices, vous vous
associerez à ses vertus. Mais quel que
puisse être, Messieurs, le généreux em-
pressement de cette capitale, déjà vous
êtes devancés, et par qui ? le croiriez-
vous ? par des villages presque ruinés,
par cette ville charitable de Troyes, qui
avait elle-même tant de pertes à déplorer. C'est là que la Religion leur a
ménagé des asyles ; c'est là que des âmes
vraiment chrétiennes n'ont pas craint de
consommer leur ruine en se surchargeant
de la misère de leurs voisins. Oh ! qu'ils
se sont saintement acquittés envers la
Providence, qui leur avait conservé quelque chose, en se hâtant de le partager
avec ceux qui avaient tout perdu ! Noble
et touchante leçon pour nous, mes frères ;
mais aussi quelle condamnation si nous
refusions de la suivre !

Cepedant la plupart des habitans de

Méry languissent encore sur le sol qui les vit naître, près des tombeaux de leurs pères : cachés sous des abris mal assurés, où leurs jours même sont en péril, ou dans les caves de leurs maisons. O vous ! mes frères, qui, comblés des dons de Dieu, voyez dans votre abondance tous vos besoins satisfaits et vos désirs mêmes prévenus, venez vous attendrir au spectacle des douleurs humaines ; pénétrez sous les ruines menaçantes de ces murs à demi brûlés ; là des mères, des enfans, des vieillards qui toujours avaient ignoré les privations, se pressent, se confondent et se nourrissent de leurs larmes.

Descendez sous ces sombres voûtes, seules épargnées par les flammes ; c'est de là que l'innocence et le malheur élèvent vers vous des mains suppliantes : loin de la société des hommes et de la douce lumière du jour, ils n'ont que vous, ô mon Dieu, pour témoin de leur misère et pour confident de leurs peines !

Riches du siècle, ce spectacle vous rebute peut-être ! Ah ! il n'a pas rebuté ce prince auguste (1), si digne de représenter aux yeux des peuples les touchantes vertus que nous admirons sur le trône. Chargé de la mission vraiment royale de porter dans nos provinces dévastées la consolation et l'espérance, on l'a vu descendre avec respect sur cette terre consacrée par le malheur, et parcourir ses ruines avec un religieux attendrissement. Vingt familles réunies dans un seul et même asyle ont possédé le fils de Saint-Louis sous le toit de leur misère; des secours dignes de sa bonté ont soulagé leur indigence; mais quels bienfaits pouvaient égaler le bonheur que sa présence leur apportait, et les larmes qu'il a mêlées avec les leurs!.....

Qui de nous, mes frères, ne donnerait aussi des pleurs au récit de tant de maux? Et plût à Dieu que la ville de Méry en eût été le seul théâtre! Ces belles provinces, la richesse et l'ornement de la

______

(1) S. A. R. Monsieur, frère du Roi.

2 *

France, présentent de toutes parts l'image de la dévastation ; partout les villages incendiés, partout leurs habitans laborieux, errans avec leurs familles dans ces champs qu'ils ne demandent qu'à cultiver : c'est de vous qu'ils attendent le pain que vous assuraient leurs travaux.

Et voici que, pour comble d'infortune, la terre a refusé tous ses fruits. Ces vastes plaines, où reposent tant de bataillons, ont long-temps exhalé la mort et corrompu l'air qu'on respire. Comme si le ciel, d'accord avec la terre, vous abandonnait le sort de vos frères et les renvoyait à vos soins. Ah! chrétiens, il faut que la Religion vous confie toutes ses douleurs ; nous ne craignons pas de vous le déclarer, avec quelque éclat que puisse se montrer aujourd'hui cette charité que toujours nous trouvons généreuse, ce ne serait pas assez de vos secours, il faut y joindre votre protection ; c'est trop peu de les combler de vos dons, il faut solliciter en leur faveur. Allez, au nom de Dieu, allez associer à votre intérêt, vos familles, vos amis, toutes les âmes enfin que la charité rendra digne de le partager, et que ce premier appel que la Religion fait entendre par ses Ministres, retentisse par votre zèle, et dans cette capitale, et jusqu'aux extrémités de la France.

DEUXIÈME PARTIE.

Si nos provinces désolées par la guerre sollicitent votre intérêt par l'excès du malheur qui les accable, elles ne le méritent pas moins par les caractères qui le distinguent de toutes les autres infortunes que vous êtes appelés à soulager. Considérons - le dans sa cause, en lui-même, et dans la suite des évènemens.

1°. Dans sa cause. La sagesse humaine est impuissante pour expliquer cette suite d'évènemens inouis, qui forcent les incrédules de nos jours à s'écrier comme ceux d'autrefois : Le doigt de Dieu est ici : *Digitus Dei est hic*.

Oui, mes frères, c'est Dieu qui, trompant les pensées des hommes et changeant les conseils des Rois, nous a sauvés par nos revers comme il nous avait punis par nos triomphes. Cette guerre, où les Français n'ont cédé qu'à leur propre haine contre l'oppression, l'injustice et le désordre ; cette guerre où l'ennemi triompha, non pas de nous, mais avec nous, en passant dans notre alliance ; cette guerre enfin, où l'on peut dire que Dieu seul a vaincu, était dans ses desseins, et un châtiment et une grâce ; terrible et sanglante punition de nos longues iniquités ; dernière et solennelle expiation que la France devait au ciel, et que lui seul a pu borner. Non, ce qui doit nous étonner, ce n'est pas que tant de fléaux aient été nécessaires, mais qu'ils aient suffi. Eh ! qui sait quel sort nous était réservé, si, avec les forfaits, Dieu n'avait mis dans la balance les prières et les mérites des justes qui en furent les victimes? s'il n'avait présenté à tant de peuples long-temps irrités par le malheur, un Roi dont les vertus leur ont inspiré la confiance, dont la noble fermeté leur imprima le respect, un Roi dont le nom seul nous a réconciliés avec le genre humain ?

La véritable cause de toutes les calamités publiques et particulières, ce furent donc les iniquités communes ; c'est la justice de Dieu qui appela les nations des rives les plus éloignées ; c'est elle qui les conduisit comme par la main, contre leurs desseins, contre leur attente, disons-le, contre leur volonté, jusqu'au sein de cette capitale ; c'est sa fureur qui aiguisa le glaive ; c'est le souffle de sa colère qui alluma les flammes qui ont ravagé nos campagnes et dévoré nos villes. *Ignis succensus est in furore meo.*

La France entière était coupable. Quelques provinces seulement ont éprouvé les fléaux vengeurs ; mais nous, mes frères, avions-nous moins de fautes à expier? Et vous, villes infortunées, est-ce dans votre sein qu'avait siégé l'iniquité? Vos places publiques avaient-elles été rougies du sang le plus auguste et le plus sacré? Est-ce de votre enceinte qu'étaient sortis ces édits barbares, qui furent le signal de tous les crimes? Non, mon Dieu! mais aux prévarications publiques vous opposez les châtimens publics. Quand votre peuple autrefois se soulevait dans le désert, le feu, les élémens, la nature entière servaient votre juste vengeance. Mais content d'un exemple rigoureux, vous faisiez grâce à la masse entière; ainsi dans une foule coupable, la justice humaine laisse tomber son glaive sur les premiers qui s'offrent à ses coups. Ceux que vous frappez n'ont jamais à se plaindre, c'est à ceux que vous épargnez de bénir votre clémence. Mais pourquoi croirons - nous que Dieu ait fait, en quelque sorte, deux portions de la France, l'une pour la justice et l'autre pour la miséricorde?

En aurait-il dispensé quelques-uns de satisfaire à sa grandeur outragée ? Non ; les uns satisferont pour la société entière par leur résignation dans les privations et les douleurs ; les autres par les sollicitudes pieuses de la charité. Punis dans leurs frères malheureux , représentés dans leurs personnes devant la justice éternelle , ils exerceront la miséricorde à leur égard , et pourront se racheter eux-mêmes en compâtissant aux victimes de l'iniquité générale. Tel est votre partage, mes frères ; qui de vous oserait s'y refuser , ou s'en plaindre?

2°. Considérez leur malheur en lui-même. Il fait partie de la calamité commune. Associés aux intérêts de la France, ces malheureux furent sacrifiés à sa fortune. Ils furent punis d'être Français , et ils s'en font gloire aujourd'hui jusques dans l'excès de leur misère.

La France, généreuse et puissante, ne méconnut jamais, dans sa prospérité , les victimes de ses malheurs. Que la postérité le sache, que toutes les nations l'apprennent, la France peut oublier les fautes de ses enfans, mais jamais leurs sacrifices. Leurs douleurs deviennent les douleurs de la patrie, et leurs infortunes sont des calamités publiques. Alors, ainsi que nous le voyons aujourd'hui, les bons rois les admettent aux pieds du trône, et leur prodiguent, avec leurs secours, ces assurances pleines de bonté, qui, sur les lèvres des rois, sont plus précieuses que l'or, et relèvent le prix des bienfaits. Alors aussi la Religion s'unissant avec la patrie, recueille dans son sein les malheureux, et réclame en leur faveur. Et l'on a vu plus d'une fois la charité payer, par de saintes profusions, la dette que l'Etat ne pouvait acquitter entièrement.

3°. Enfin, quelles ont été les suites de ces évènemens? Pour eux, tous les maux; pour vous, mes frères, tous les biens.

Considérez votre position.

Vous reposez en paix dans la maison de vos pères. Parmi vous les uns jouissent honorablement de leur fortune, les autres font prospérer la leur par le commerce et les travaux. La paix, l'ordre public, l'empire tutélaire des lois, la justice, la piété, la clémence devenues les appuis du trône, ajoutent à tant de biens la sécurité qui en fait le prix, et promettent à vos enfans le bonheur dont jouissent leurs pères. Le deuil a fui avec les alarmes et les besoins. Ce que nous redoutons aujourd'hui, c'est déjà la prospérité ; c'est le luxe, devenu la passion de tous les états, c'est la fureur des plaisirs, avec les désordres qu'elle entraîne. C'est que les âmes amollies par l'abondance et par la paix, ne fassent bientôt regretter à la Religion les tristes jours de ses combats et de ses épreuves.

Tels ont été pour nous ces évènemens, plus heureux que toutes les victoires, et maintenant suivez-moi ; transportons-nous sur ces rivages désolés, vous ne voyez que des ruines, et vous ne foulez que des cendres. Ici fut la ville de Méri! Quel spectacle elle vous présente! au sein d'une vaste solitude, quelques malheureux, couverts de lambeaux, se traînent parmi des débris; leurs figures desséchées par les besoins et sillonnées par les larmes, vous représentent des ombres errantes autour des tombeaux. Ah! si le caractère et la dignité de Chrétiens leur donnent quelque droit aux consolations que Jésus-Christ même vous demande pour eux, *si quà consolatio in Christo*, si les entrailles de la charité se sont émues sur ces enfans de Dieu, *si quà viscera miserationis*, accourez, hâtez-vous, bientôt il ne serait plus temps. A la suite de tant de maux, une affreuse contagion exerça long-temps ses ravages; tous en ont été frappés; les uns ont disparu sans consolation, sans secours, et n'obtinrent pas même les derniers honneurs; le reste languit et se consume dans le deuil, les infirmités et les douleurs. Plus loin se présente Nogent, si souvent, si vivement attaquée, si vaillamment défendue ; promenez vos regards sur toute cette contrée fumante encore des combats dont elle fut le théâtre. Ces campagnes abandonnées vous redemandent leurs cultivateurs, des milliers d'indigens sans secours. Les autels démolis, les temples dépouillés, et les cendres de dix-huit cents bâtimens nous accuseraient, n'en doutons pas, aux yeux du ciel et de la terre, si nous pouvions les livrer plus long-temps aux fléaux d'une guerre cruelle dont nous recueillons tous les fruits.

Avançons ! à la trace des incendies et des ravages ; quelle main détruisit Brienne, dont le nom seul rappelle tant de souvenirs ? O Français ! non (1), ce n'est point vous qu'accusent ces tristes

____

(1) La relation de Brienne rend ce témoignage aux généraux, et nous ne pouvions nous refuser à justifier l'honneur français du reproche de cette destruction aussi barbare qu'inutile.

débris. Rendons à nos généraux cette justice éclatante , que , dans une nuit désas-
treuse , ils firent entendre de nobles et
touchantes réclamations. Hélas! elles ne
purent sauver Brienne! ses habitans sans
asyles, ainsi que ceux de Méry, contraints
de fuir dans les forêts, y ont souffert les
mêmes extrémités , éprouvé les mêmes
fléaux , et, sur une faible population ,
quatre cents malades ont succombé.

Vous arrêterez aussi nos regards , mal-
heureuse ville d'Arcis-sur-Aube. Ah !
que vous avez chèrement payé la gloire
d'être l'un des plus brillans théâtres de
la valeur de nos armées ! Chacune de vos
places publiques devint un champ de
bataille , chaque maison une forteresse,
dont le soldat Français ne voulut laisser
à l'ennemi que les débris ensanglantés.
Jour mémorable du 21 mars! (1) jour

____

(1) 21 mars , anniversaire de l'assassinat de Mgr. le
duc d'Enghien.

« La retraite sur Vitry, après les combats d'Arcis-sur-
» Aube (21 mars), détermina la perte de Buonaparte ;

funeste, où le ciel sembla marquer par tant de funérailles le plus funeste anniversaire! comme pour rappeler aux peuples et aux rois qu'il existe une providence, dont l'œil perce également les murailles épaisses des forteresses les mieux gardées, et les ombres profondes de la nuit. *Et nunc reges intelligite;* une justice qui se tait pour un temps, mais qui descend à pas lents sur les humains; qui, tôt ou tard, tire le crime de son secret, et vient à la face du soleil demander compte du sang innocent répandu dans les ténèbres, *erudimini qui judicatis terram.*

Il est temps de mettre un terme à ces récits douloureux. Qu'il nous suffise d'ajouter que les contrées arrosées par la Marne, affligées des mêmes fléaux, rivalisèrent avec celles de l'Aube, de Cons-

---

» et cette ville doit être désormais célèbre, comme
» étant le lieu où ce conquérant termina sa carrière
» politique et militaire ».

(Relation d'Arcis-sur-Aube.)

tance dans les malheurs , comme de dé-
voüement et de zèle pour cette famille
auguste, qui fixa toujours leurs espérances
et leurs vœux. Partout se présente le
même tableau , le plus déchirant peut-
être que la Religion ait jamais offert à la
piété de ses enfans.

Paraissez donc , Religion divine, im-
posez silence à l'avarice , réveillez l'indifférence , enflammez la charité , envi-
ronnez-nous de l'image consolante des
vertus qui sont votre ouvrage. Quel zèle
vous inspiriez aux âmes qui vous étaient
fidèles ! quelle fermeté dans les périls !
quel oubli d'elles-mêmes ! quelle occu-
pation de leurs frères ! tel parut entre une
foule d'autres , le vénérable Pasteur de
Brienne. Compâtissant, dévoué, infati-
gable, il partageait ses soins entre son
peuple et nos soldats blessés. Dans leur
pieuse reconnaissance , ceux-ci lui laissaient en mourant le peu qui leur restait
encore. L'homme de Dieu recueillit avec
religion ce touchant héritage ; et, pour

s'en former un trésor durable, il en a fait don à l'hôpital, heureux de ne réserver pour lui-même que la pauvreté dont il s'honore. Durant les combats d'Arcis-sur-Aube, deux prêtres intrépides allaient chercher les mourans au milieu de la mêlée; ils les chargeaient sur leurs épaules, et leur prodiguaient tous les secours de la charité portée jusqu'à l'héroïsme. L'un d'eux ne tarda point à succomber; et, parmi tant de calamités, cette ville n'a cessé de pleurer un pasteur qui en fut toujours le père.

Partout on a vu les ministres de Jésus-Christ refuser d'abandonner leurs troupeaux, partager à des familles dépouillées les faibles débris qui leur restaient, ouvrir avec joie leurs maisons à la faiblesse et à l'innocence qui venaient y chercher un asyle, comme dans le temple de la Charité.

Nous vous devons aussi des hommáges, saintes hospitalières de tous les ordres; partout on vous a vues aussi ardentes au

poste de la charité que l'étaient nos guerriers à celui de la gloire. C'est vous qu'in-
voquait le soldat blessé dans les champs
du carnage ; c'est de vous qu'il recevait
et les derniers secours, et les puissantes
consolations de la foi ; c'est vous que,
dans son abandon, il faisait dépositaires
de ses tendres adieux pour une famille
inconsolable, pour une mère qu'il ne
devait revoir jamais.

A Brienne, le fort du combat se di-
rigeait sur l'hôpital. Trois filles de la
charité le desservaient. Long-temps on
les conjura de se retirer. Non, répondait
leur digne supérieure, *je suis à mon
poste, et j'y mourrai ; Dieu me deman-
derait un jour ce que je faisais lors de
l'attaque de Brienne ;* puis, se tournant
vers ses sœurs à peine sorties de la pre-
mière jeunesse : *L'épreuve est trop forte
pour votre âge, je vous permets de vous
retirer.* O fille de S. Vincent ! ces deux
anges seront dignes et de vous, et de lui,
et de la Religion qui les anime. Elles

restent, elles se dévouent toutes trois ; toutes trois ont eu le bonheur de mourir martyres de leur charité.

Combien d'autres ont péri victimes des mêmes évènemens! oh! combien ces asyles sacrés se sont glorieusement dépeuplés ! Je me trompe ; soudain leurs places sont remplies; les épouses de Jésus-Christ se les disputent avec toute l'ardeur de la foi ; et si quelque chose pouvait troubler encore la joie de ces saintes sociétés, ce serait de n'avoir plus les mêmes périls à braver, ni les mêmes couronnes à mériter.

Et nous, mes frères, à la vue de ces campagnes ravagées, de ces provinces désolées, de ces ruines où triomphe la justice du ciel, humiliés sous la main de Dieu, entrons en jugement avec nous-mêmes.

O Dieu! ô Père miséricordieux et bon ! ce n'est point par de telles rigueurs que l'on vous voit punir les fautes communes échappées à la fragilité de vos enfans. Le plus coupable des attentats nous accusait devant vous ; c'est le sang du meilleur des Rois que redemande votre colère. Ce crime a été puni, mes frères ; le châtiment est sous nos yeux ; mais souffrez que nous vous le demandions, où est la réparation? Gardons-nous de la borner à ces honneurs funèbres, à cette justice, hélas ! trop tardive que nous rendons à ses vertus ; à ces larmes, désormais la seule consolation qui nous reste. La plus juste expiation de ce parricide, que tout Français voudrait effacer de son sang, n'est-ce pas de réparer les malheurs qui en furent le châtiment? Essuyons les larmes de nos frères ; rendons-les au bonheur et à la vie ; que l'abondance des aumônes, couvrant les iniquités, commence à nous acquitter envers Dieu et aussi envers ce Roi si cruellement puni de nous avoir trop aimés. Ah ! dans le séjour heureux où l'ont placé ses vertus, le bonheur des Français est encore le vœu de son cœur. La satisfaction qu'il nous demande, c'est

de continuer le bien qu'il a fait de re-
venir aux vertus dont il nous laissa le
modèle.

D'autres peuples ont signalé leur douleur par des statues expiatoires, par de
superbes mausolées, justes et religieux
hommages. Voici, mes frères, un monument vraiment digne du plus clément
des princes, digne aussi de la Religion
qui vous anime. Unis aux vues pater-
nelles d'un Roi qui fait revivre par ses
vertus le prince auguste que nous pleu-
rons, relevons avec lui la chaumière du
pauvre, l'atelier de l'artisan, l'hospice
préparé pour le malheur.

Et toi, ville de Méry, tu ne périras
pas ! Louis XVI fut ton fondateur (1).
N'est-ce pas lui qui releva tes débris
au jour de ton premier malheur ? Les
monumens de la bonté de Louis XVI

____

(1) En 1778, la ville de Méry avait été déjà con-
sumée par un incendie. Son vertueux pasteur, M. l'abbé
Pain, actuellement chanoine de Troyes, alla porter
aux pieds du trône les vœux et les douleurs de son

appartiennent à la France entière. Non, tu ne périras pas ! ce nom cher et sacré, gravé sur les fondemens de tes murs embrâsés, va ranimer encore tes cendres. Chrétiens , hâtons-nous de le remplir ce vœu de la Religion et de la patrie. Ainsi, vous présenterez au ciel le monument le plus digne de ses regards qui fut jamais. Au sein d'une province soulagée par vos bienfaits , une ville relevée par la miséricorde et le repentir, une ville qui doit conserver à jamais la mémoire du roi martyr , et dont les générations d'âge en âge seront des supplians députés vers la justice éternelle pour implorer notre pardon. Alors vous paraîtrez avec confiance devant le juste juge , et il vous dira : J'ai eu faim , et vous m'avez donné à manger ; j'étais nud , et vous m'avez revêtu ; j'étais sans asyle,

---

peuple. Louis XVI régnait alors. La libéralité du prince ne s'arrêta qu'avec son pouvoir. Dans le courant de cette année même, la ville était rebâtie. Elle honore Louis XVI comme son second fondateur.

et vous m'avez recueilli. Venez, les bénis
de mon père, posséder le royaume que
je vous ai préparé depuis le commencement du monde.

AINSI SOIT-IL.